**Un Libro Bilingüe
Fácil Para Estudiantes
de Cualquier Idioma**

"Un libro que se lee y se vuelve a leer."

*"Un libro que 'debo tener' con palabras
fáciles de reconocer en Inglés y Español."*

*"Uno podría leer este libro por cinco minutos
o una hora y sacarle un gran provecho.......
el libro de trabajo es muy divertido."*

*"Yo conozco a mucha gente que podría
beneficiarse con este libro. Cuando uno
puede aprender otro idioma de esta manera
tan fácil, el aprendizaje se disfruta."*

*"Mi esposo esta aprendiendo Español y mi
mamá está aprendiendo Inglés. Ahora
lo pueden hacer juntos y comunicarse con
palabras familiares."*

*"Todas las noches reviso cinco o diez
palabras, en solo unos minutos al día
mi vocabulario se ha expandido
enormemente."*

*"Es verdad: el Español se parece al
Inglés......el Inglés se pronuncia como
el Español."*

**A Bilingual Book
Easy For Students
Learning Any Language**

"I pick it up again and again."

"A 'must have' book with easily recognizable words in both English and Spanish."

"You can look at this book for five minutes or an hour and get a lot out of it…..the workbook should be a lot of fun."

"I know so many people who could use this book. It really generates excitement about the language when you can learn something this easily. Great as a gift."

"My husband is learning Spanish and my Mom is learning English. Now they are able to work together and communicate with each other with familiar words."

"Every night I review five to ten words, and in only a few minutes a day my vocabulary has grown enormously."

"It's true: Spanish looks like English……. English sounds like Spanish."

SE PARECE A
SE DICE COMO

LOOKS LIKE
SOUNDS LIKE

Spanish/English

compiled by
Katharine S. Brown

LOOKS LIKE
SOUNDS LIKE

SE PARECE A
SE DICE COMO

compiled by Katharine S. Brown

First edition
Published 2007

Published by
Dancing Rhinoceros Press
Wilmette, Illinois

Cover and interior design:
Theresa Mezebish Designs
Editorial production: Katrina Triantafillou
Editor: Amy B. Fox

ISBN# 978-0-9793739-0-9

Trademark pending

Copyright © 2006 Amy B. Fox
Dancing Rhinoceros Press

All rights reserved. No part of this publication may be reproduced, stored in a retrieval system or transmitted in any form by any means, electronic, mechanical, photocopying, recording or otherwise, except brief extracts for the purpose of review, without the written permission of the publisher and copyright holder.

In compiling this book of words, the default dictionary utilized is *The Oxford Spanish Dictionary Spanish-English/English-Spanish.*
Copyright Oxford University Press 1994.

Acknowledgements

I wish to acknowledge and thank my daughter Amy. This book would never have been brought to fruition without her love, creativity, and perseverance. I continue to be amazed at the person she is.

I also wish to thank Elfrida Cordoba and her daughter Xio Cordoba Lepczyk for their thoughtful translations from English to Spanish.

Katharine S. Brown

A special thanks to my husband, Kevin, who listened, encouraged, and asked the good questions. To my mom, Katharine, for providing this great idea and material. To Dr. Jennifer Earvolino for all her proofreading and support. To Jill Rabin, for all her enthusiasm and translation work. To Carmen Butron and her translations. To Theresa Mezebish for her unending patience, skill, humor and great eye—it is wonderful to work with a great friend. And for Katrina Triantafillou who will always be my soul sister, and her practical and intelligent work. Thank you all for making such a difference, and for getting this project off the ground.

Amy B. Fox, Publisher

Table of Contents

A	12
B	13
C	15
D	19
E	20
F	30
G	34
H	37
I	38
J	44
K	44
L	44
M	46
N	52
O	53
P	56
R	66
S	70
T	72
U	77
V	77
Y	79
Z	79
Learning Boxes	81

Fíjese:

El acento tónico recae
en la sílaba con letras negritas
en ambos idiomas.

Please Note:

All bold syllables
in both English and Spanish
represent where emphasis
is placed.

A

Accidente
Accident

Acción
Action

Acento
Accent

Aceptable
Acceptable

Activo
Active

Acto
Act

Adición
Addition

Adorable
Adorable

Adulto
Adult

Se Parece A Se Dice Como

A B

Agenda
Agenda

Aire
Air

Alarma
Alarm

Álbum
Album

Alerta
Alert

Ambicioso
Ambitious

Ambulancia
Ambulance

Animal
Animal

Bailarina
Ballerina

Looks Like Sounds Like

B

Balanza
Balance

Balcón
Balcony

Banco
Bank

Básico
Basic

Bebé
Baby

Béisbol
Baseball

Bicicleta
Bicycle

Blusa
Blouse

Bota
Boot

Se Parece A Se Dice Como

B
C

Botella
Bottle

Botón
Button

Brillante
Brilliant

Brisa
Breeze

Cable
Cable

Calma
Calm

Campéon
Champion

Canoa
Canoe

Categoriá
Category

15

Looks Like Sounds Like

C

Cebra
Zebra

Cemento
Cement

Central
Central

Centro
Center

Circo
Circus

Clara
Clear

Clima
Climate

Colapso
Collapse

Color
Color

Se Parece A Se Dice Como

C

Combi**nación**
Combination

Com**pás**
Compass

Com**ple**to
Complete

Com**ún**
Common

Comuni**cación**
Communication

Conclu**sión**
Conclusion

Condi**ción**
Condition

Cone**xión**
Connection

Con**for**table
Comfortable

Looks Like Sounds Like

C

Confusión
Confusion

Control
Control

Cooperación
Cooperation

Copia
Copy

Coro
Chorus

Correcto
Correct

Cortina
Curtain

Costo
Cost

Cruel
Cruel

Se Parece A Se Dice Como

C
D

Curioso
Curious

Curva
Curve

Decisión
Decision

Delicioso
Delicious

Dentista
Dentist

Desastre
Disaster

Descripción
Description

Deseo
Desire

Determinación
Determination

Looks Like Sounds Like

D
E

Dife**rente**
Different

Discus**ión**
Discussion

Doble
Double

Drag**ón**
Dragon

Dur**ante**
During

Eco
Echo

Ejem**plo**
Example

Electri**cidad**
Electricity

Ele**fante**
Elephant

Se Parece A Se Dice Como

E

Emer**gen**cia
Emergency

Emo**ción**
Emotion

Ene**mi**go
Enemy

Enciclo**pe**dia
Encyclopedia

Ener**gí**a
Energy

Énfasis
Emphasis

E**nor**me
Enormous

Ensa**la**da
Salad

En**te**ro
Entire

Looks Like Sounds Like

E

Entra**d**a
Entrance

Entusiasmo
Enthusiasm

E**qui**no
Equine

Equiva**len**te
Equivalent

Erosi**ón**
Erosion

E**rror**
Error

E**s**cala
Scale

Escape
Escape

Escena
Scene

Se Parece A Se Dice Como

E

Es**cultor**
Sculptor

Esen**cial**
Essential

Es**pacio**
Space

Es**cúter**
Scooter

Es**nob**
Snob

Es**pacioso**
Spacious

Es**pagueti**
Spaghetti

Es**pátula**
Spatula

Es**pecial**
Special

Looks Like Sounds Like

E

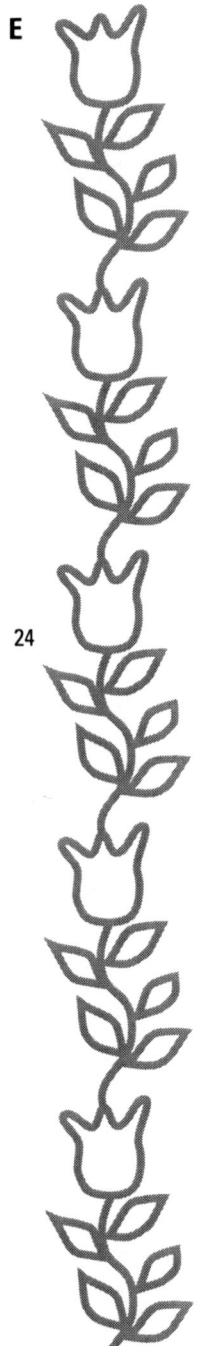

Especialista
Specialist

Especial**idad**
Specialty

Especifi**cación**
Specification

Espécimen
Specimen

Espect**acular**
Spectacular

Espinaca
Spinach

Éspiri**tual**
Spiritual

Esp**í**ritu
Spirit

Esplén**dido**
Splendid

Se Parece A Se Dice Como

E

Estudio
Studio

Estufa
Stove

Estúpido
Stupid

Eternidad
Eternity

Evaluación
Evaluation

Evaporación
Evaporation

Evento
Event

Evidencia
Evidence

Evidente
Evident

Looks Like Sounds Like

E

Exactamente
Exactly

Examen
Exam

Examinación
Examination

Excelente
Excellent

Excepción
Exception

Excepto
Except

Exhausto
Exhausted

Exhibición
Exhibition

Expansión
Expansion

Se Parece A Se Dice Como

E

Exper**ie**ncia
Experience

Exper**t**o
Expert

Explora**dor**
Explorer

Explos**ión**
Explosion

Expres**ion**
Expression

Exqu**is**ito
Exquisite

Exter**ior**
Exterior

Extraordinario
Extraordinary

Extra**vag**ante
Extravagant

Looks Like Sounds Like

F

Fabuloso
Fabulous

Facilidad
Facility

Falsamente
Falsely

Falso
False

Fama
Fame

Famoso
Famous

Favorito
Favorite

Fe
Faith

Femenino
Feminine

Se Parece A Se Dice Como

F

Feróz
Fierce, ferocious

Fértil
Fertile

Fes**ti**val
Festival

Fiebre
Fever

Figu**ra**
Figure

Final
Final

Fino
Fine

Físico
Physical

Flauta
Flute

Looks Like Sounds Like

F

Flexible
Flexible

Flor
Flower

Fluido
Fluid

Fobia
Phobia

Forma
Form

For**mal**
*For**mal***

For**tu**na
*For**tu**ne*

Fósil
***F**ossil*

Foto
***Ph**oto*

Se Parece A Se Dice Como

F

Fra**cción**
Fraction

Fractura
Fracture

Fra**gan**cia
Fragrance

Frágil
Fragile

Franco
Frank

Fre**cuen**te
Frequent

Frecuen**te**mente
Frequently

Frente
Front

Frígido
Frigid

Looks Like Sounds Like

F
G

Frustración
Frustration

Fruta
Fruit

Fun**ción**
***Func**tion*

Fund**ación**
Foundation

Fur**io**so
***Fur**ious*

Fut**uro**
***Fut**ure*

Galaxia
Galaxy

Ga**lo**pe
*Ga**ll**op*

Ga**raje**
*Ga**rage***

Se Parece A Se Dice Como

G

Garantía
Guarantee

Gasolina
Gasoline

General
General

Generosidad
Generosity

Gigante
Giant

Global
Global

Gloria
Glory

Gobernador
Governor

Gobierno
Government

Looks Like Sounds Like

G

Gol (soccer)
Goal

Gorila
Gorilla

Gradual
Gradual

Grava
Gravel

Grotesco
Grotesque

Grupo
Group

Guarda
Guard

Guía
Guide

Guitarra
Guitar

Se Parece A Se Dice Como

H

Habilidad
Ability

Hábito
Habit

Hacha
Hatchet

Hamaca
Hammock

Héroe
Hero

Himno
Hymn

Histérico
Hysterical

Honesto
Honest

Honor
Honor

Looks Like Sounds Like

**H
I**

Horrible
Horrible

Horror
Horror

Hospital
Hospital

Hospitalidad
Hospitality

Hotel
Hotel

Humano
Human

Humor
Humor

Idea
Idea

Ideal
Ideal

Se Parece A Se Dice Como

I

Identidad
Identity

Idiota
Idiot

Ign**ición**
Ignition

Iglu
Igloo

Ig**norante**
Ignorant

Igual
Equal

Il**egal**
Illegal

Ilustra**ción**
Illustration

Imagina**ción**
Imagination

Looks Like Sounds Like

I

40

Imitación
Imitation

Impaciente
Impatient

Imperfecto
Imperfect

Importante
Important

Imposible
Impossible

Inactivo
Inactive

Incierto
Uncertain

Incluido
Included

Incómodo
Uncomfortable

Se Parece A Se Dice Como

I

Incorrecto
Incorrect

Increíble
Incredible

Individuo
Individual

Infante
Infant

Infección
Infection

Influencia
Influence

Ingrediente
Ingredient

Inmediatamente
Immediately

Inocente
Innocent

Looks Like Sounds Like

I

Insecto
Insect

Inspiración
Inspiration

Instrucción
Instruction

Instrumento
Instrument

Insulto
Insult

Inteligente
Intelligent

Interés
Interest

Interesante
Interesting

Internacional
International

Se Parece A Se Dice Como

I

Interrup**ción**
Interruption

Intersec**ción**
Intersection

Introduc**ción**
Introduction

Inven**ción**
Invention

Invisible
Invisible

Invita**ción**
Invitation

Inyec**cion**
Injection

Irritable
Irritable

Isla
Island

Looks Like Sounds Like

J
K
L

Jungla
Jungle

Justo
Just

Kárate
Karate

Labo**ra**torio
***Labor**atory*

Lago
Lake

La**gu**na
*La**goon***

Lámpara
Lamp

Le**al**
*Loy**al***

Leg**al**
*Leg**al***

Se Parece A Se Dice Como

L

León
Lion

Ley
Law

Libertad
Liberty

Líder
Leader

Liga
League

Límite
Limit

Limon
Lemon

Limonada
Lemonade

Línea
Line

Looks Like Sounds Like

L
M

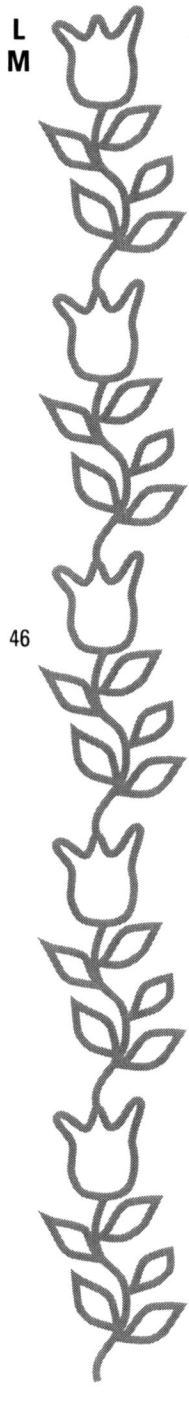

Líquido
Liquid

Literatura
Literature

Local
Local

Loción
Lotion

Luz
Light

Maduro
Mature

Mágico
Magic

Magnético
Magnetic

Manera
Manner

Se Parece A Se Dice Como

M

Mapa
Map

Máquina
Machine

Mara**vi**lloso
Marvelous

Marca
Mark

Mármol
Marble

Masa
Mass (measurement)

Misa
Mass (church)

Mascota
Mascot

Mas**cu**lino
Masculine

Looks Like Sounds Like

M

Massivo
Massive

Matemáticas
Mathematics

Material
Material

Mayoría
Majority

Mecánico
Mechanic, mechanical

Medalla
Medal

Medicina
Medicine

Melón
Melon

Melodía
Melody

Se Parece A Se Dice Como

M

Memoria
Memory

Mención
Mention

Mental
Mental

Mercado
Market

Metal
Metal

Método
Method

Microscopio
Microscope

Micrófono
Microphone

Miembro
Member

Looks Like Sounds Like

M

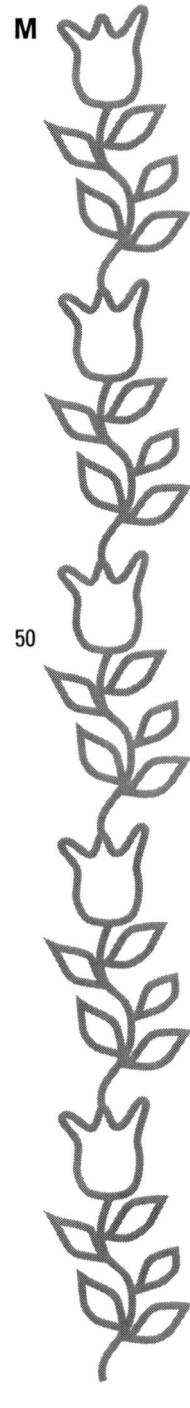

Millón
Million

Millonario
Millionaire

Mineral
Mineral

Minuto
Minute

Miserable
Miserable

Misión
Mission

Misterioso
Mysterious

Mitón
Mitten

Mixta
Mixed

Se Parece A Se Dice Como

M

Moción
Motion

Moderno
Modern

Momento
Moment

Monstruo
Monster

Motor
Motor

Mosquito
Mosquito

Municipal
Municipal

Muscular
Muscular

Música
Music

Looks Like Sounds Like

M
N

Museo
Museum

Na**ción**
Nation

Nacio**nal**
National

Nativo
Native

Natural
Natural

Necesario
Necessary

Negativa
Negative

Nervioso
Nervous

No**ción**
Notion

Se Parece A Se Dice Como

**N
O**

No
No

Normal
Normal

Novela
Novel

Número
Number

Obesidad
Obesity

Obeso
Obese

Obediente
Obedient

Observación
Observation

Obstáculo
Obstacle

Looks Like Sounds Like

Ob**vio**
Obvious

Océano
Ocean

Ocupa**ción**
Occupation

Ocupado
Occupied

Oferta
Offer

Oficina
Office

Oficial
Official

Oliva
Olive

Oleo
Oil

Se Parece A Se Dice Como

Onza
Ounce

Op**ción**
Option

Ópera
Opera

Opi**nión**
Opinion

Oportuni**dad**
Opportunity

Op**ti**mista
Optimist

O**ral**
Oral

O**r**den
Order

O**r**dinario
Ordinary

Looks Like Sounds Like

O
P

Organización
Organization

Órgano
Organ

Original
Original

Orquesta
Orchestra

Otro
Other

Ovulación
Ovulation

Paciencia
Patience

Paciente
Patient

Paga
Payment

Se Parece A Se Dice Como

P

Palacio
Palace

Pálido
Palid

Palma
Palm

Pan**fl**eto
Pamphlet

Pánico
Panic

Pan**t**era
Panther

Panta**lon**es
Pants

Pa**pel**
Paper

Pa**que**te
Package

Looks Like Sounds Like

P

Par
Pair

Paraíso
Paradise

Parcial
Partial

Parque
Park

Parte
Part

Participación
Participation

Participante
Participant

Particular
Particular

Pasaporte
Passport

Se Parece A Se Dice Como

P

Pasión
Passion

Patata
Potato

Patriota
Patriot

Pausa
Pause

Pavimento
Pavement

Paz
Peace

Peculiar
Peculiar

Pelícano
Pelican

Penetración
Penetration

Looks Like Sounds Like

P

Peni**ci**lina
*Peni**ci**llin*

Pera
Pear

Per**ce**n**til**
*Per**ce**ntile*

Per**f**ecto
*Per**f**ect*

Per**fu**me
*Per**fu**me*

Perma**ne**nte
Permanent

Perla
Pearl

Per**so**na
Person

Perso**nal**
Personal

Se Parece A Se Dice Como

P

Persua**sión**
Persuasion

Persu**asivo**
Persuasive

Pi**anista**
Pianist

Piano
Piano

Pi**jama**
Pajamas

Pila
Pile

Pin**güi**no
Penguin

Pino
Pine

Pin**tor**
Painter

Looks Like Sounds Like

P

Pionero
Pioneer

Pipa
Pipe

Piramide
Pyramid

Pirata
Pirate

Pistola
Pistol

Plan
Plan

Planeta
Planet

Planta
Plant

Plato
Plate

Se Parece A Se Dice Como

P

Plural
Plural

Plata**for**ma
*Plat**for***

Población
Population

Poción
Potion

Po**d**er
Power

Poema
Poem

Policía
Police

Polución
Pollution

Popular
Popular

Looks Like Sounds Like

P

Por**ción**
Portion

Pos**ible**
Possible

Pose**sión**
Possession

Posi**ción**
Position

Positi**vo**
Positive

Práctico
Practical

Precio
Price

Precioso
Precious

Prensa
Press

Se Parece A Se Dice Como

P

Preparación
Preparation

Presidente
President

Prevención
Prevention

Princesa
Princess

Príncipe
Prince

Prioridad
Priority

Privado
Private

Probablemente
Probably

Problema
Problem

Looks Like Sounds Like

P
R

Proceso
Process

Producto
Product

Profesional
Professional

Programa
Program

Promesa
Promise

Protección
Protection

Proyecto
Project

Público
Public

Rápido
Rapid

Se Parece A Se Dice Como

R

Raza
Race

Razón
Reason

Reacción
Reaction

Realidad
Reality

Recomendación
Recommendation

Rectángulo
Rectangle

Reducción
Reduction

Reflección
Reflection

Región
Region

Looks Like Sounds Like

R

Regular
Regular

Relajado
Relaxed

Religión
Religion

Reptile
Reptile

Ridículo
Ridiculous

Republicano
Republican

Rescate
Rescue

Respecto
Respect

Responsibilidad
Responsibility

Se Parece A Se Dice Como

R

Resta**uran**te
Restaurant

Resto
Rest

Reversa
Reverse

Rico
Rich

Riesgo
Risk

Rifle
Rifle

Río
River

Ritmo
Rhythm

Rival
Rival

Looks Like Sounds Like

R
S

Roca
Rock

Ruinas
Ruins

Ruta
Route

Ru**ti**na
*Rou**ti**ne*

Sal
*Sal*t

Sa**liva**
*Sa**liva***

Sa**la**rio
*Sa**la**ry*

Satisfa**cción**
*Satisfa**ction***

Sax**ó**fono
*Sax**a**phone*

Se Parece A Se Dice Como

S

Se**cción**
Section

Se**cre**to
Secret

Se**lección**
Selection

Se**llo**
Seal

Sen**sación**
Sensation

Si**lencio**
Silence

Si**len**te
Silent

Si**milar**
Similar

Si**mple**
Simple

Looks Like Sounds Like

S
T

Sistema
System

Singular
Singular

Síntoma
Symtom

Situado
Situated

Situación
Situation

Slogan
Slogan

Smog
Smog

Tableta
Tablet

Talento
Talent

Se Parece A Se Dice Como

T

Te
Tea

Teatro
Theater

Técnico
Technical

Tendencia
Tendency

Teléfono
Telephone

Televisión
Television

Temperamental
Temperamental

Temperatura
Temperature

Tenis
Tennis

Looks Like Sounds Like

T

Tenor
Tenor

Tensión
Tension

Tenso
Tense

Tentación
Temptation

Teoría
Theory

Terrible
Terrible

Territorio
Territory

Tigre
Tiger

Tipo
Type

Se Parece A Se Dice Como

T

Título
Title

To**m**ate
Tomato

Tono
Tone

Torre
Tower

Tor**tu**ra
Torture

Tortuga
Turtle

Trá**fi**co
Traffic

Trágico
Tragic

Transform**ación**
Transformation

Looks Like Sounds Like

Triangular
Triangular

Tren
Train

Tribu
Tribe

Triple
Triple

Triunfo
Triumph

Trofeo
Trophy

Trombone
Trombone

Trompeta
Trumpet

Trote
Trot

Se Parece A Se Dice Como

T U V

Truco
Trick

Túnel
Tunnel

Turista
Tourist

Úlcera
Ulcer

Urgente
Urgent

Uso
Use

Vario
Various

Vasto
Vast

Vértebra
Vertebra

Looks Like Sounds Like

V

Ver**tical**
Vertical

Ver**sión**
Version

Vic**toria**
Victory

Vi**nagre**
Vinegar

Vi**sita**
Visit

Vi**sión**
Vision

Vi**tamina**
Vitamin

Vol**cán**
Volcano

Vómito
Vomit

Se Parece A Se Dice Como

**V
Y
Z**

Voto
Vote

Yo**gur**
Yogurt

Zona
Zone

Grow... With These Rules

Aumente su vocabulario...con estas reglas

Para Hablantes de Español Aprendiendo Inglés

Las palabras que comienzan con **"es"** en Español generalmente comienzan con una **"s"** en Inglés.
Por ejemplo:
especial = special
esclavo = slave
estatus = status

Las palabras con la terminación **"or"** en Inglés frecuentemente son las mismas en Español.
Por ejemplo:
actor = actor
doctor = doctor
color = color

La terminación **"ble"** es frecuentemente la misma en Español.
Por ejemplo:
flexible = flexible
incredible = incredible
irritable = irritable

Learning Box Number 1

© 2006 Dancing Rhinoceros Press

Grow... With These Rules

Aumente su vocabulario...con estas reglas

Para Hablantes de Español Aprendiendo Inglés

La terminación **"ción"** es equivalente a la terminación **"tion"** en Inglés.
Por ejemplo:
acción = action

La terminación **"oso"** en Español es frecuentemente **"ous"** en Inglés.
Por ejemplo:
curioso = curious
famoso = famous
delicioso = delicious

La terminación **"idad"** en Español es frecuentemente **"ty"** en Inglés.
Por ejemplo:
university = universidad

Learning Box Number 2

© 2006 Dancing Rhinoceros Press

Grow…With These Rules

Aumente su vocabulario…con estas reglas

For English Speakers Learning Spanish

"**Ph**" in English is "**f**" in Spanish.
For example:
telephone = teléfono

"**Th**" in English becomes "**t**" in Spanish.
For example:
theater = teatro
theme = tema

The word ending "**tion**" in English always becomes "**ción**" in Spanish.
For example:
condition = condición
combination = combinación

Learning Box Number 3

© 2006 Dancing Rhinoceros Press

Grow... With These Rules

Aumente su vocabulario...con estas reglas

For English Speakers Learning Spanish

For Spanish add the letter **"e"** to words that end in **"ent"** or **"ant"** in English.
For example:
accident = accidente
intelligent = intelligente

Words ending in **"ist"** in English become **"ista"** in Spanish.
For example:
artist = artista
pianist = pianista

Words that end in **"ous"** in English frequently end in **"oso"** in Spanish.
For example:
famous = famoso
curious = curioso
delicious = delicioso

Learning Box Number 4

© 2006 Dancing Rhinoceros Press

Grow... With These Rules

Aumente su vocabulario...con estas reglas

**For English Speakers
Learning Spanish**

Words that end in **"or"** are often identical in English and Spanish.
For example:
actor = actor
doctor = doctor

Words that end in **"al"** are often identical in English and Spanish.
For example:
central = central
final = final

Words that end in **"ble"** are often identical in English and Spanish.
For example:
flexible = flexible
impossible = imposible
irriatable = irritable

Learning Box Number 5

© 2006 Dancing Rhinoceros Press

Please look for these titles from Dancing Rhinoceros Press

Looks Like Sounds Like©
Language Series:
(trademark pending)

Here is a way to gain confidence with a language by using like-sounding words found in our daily conversations. Words you already know and use. The final component in building confidence with a language is using it verbally. These words help to increase confidence on any level for both children and adults.

Looks Like Sounds Like German/English
Looks Like Sounds Like French/English
Looks Like Sounds Like Italian/English

We have our workbooks/funbooks in Spanish, German, French, and Italian.

Go-Go Gorilla©
Travel, History Series:

Take a walk with a silly gorilla and explore up to 30 different family-friendly and historically significant locations in cities all over the world. This four-color picture book also has a map with coordinates for traveling by foot or car. A great way to have fun in a new city as a day trip, vacation, or even just an armchair traveler.

Go-Go Gorilla in Chicago
Go-Go Gorilla in Washington D.C.
Go-Go Gorilla in Baltimore
Go-Go Gorilla in London England
Go-Go Gorilla in Edinburgh, Scotland

In My Shoes©
Humor, Beauty, Spirit

Take the everyday items in a child's world and let them explore the connections on a visual, auditorial and sensory level. Children develop many different ways to explore and learn. This book celebrates the beauty of everyday connections with artwork that is visually, mathematically, auditorially, kinesthetically, and interpersonally recognizable to children.

Dancing Rhinoceros Press is
committed to producing exceptionally
creative and entertaining books
that can be enjoyed on a variety of
levels. Books celebrating the different
ways we learn and the exciting
connections we can make.

**Please visit our website
for more information**

www.dancingrhinocerospress.com

Notas
Notes

Notas
Notes

Notas
Notes

Notas
Notes

Notas
Notes

Notas
Notes

Notas
Notes

Notas
Notes

Made in the USA